100 CONSEJOS PARA

GESTIONAR EL TIEMPO

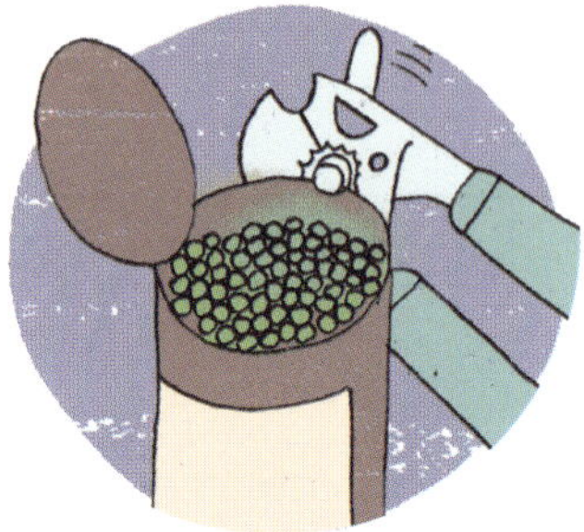

100 CONSEJOS PARA

GESTIONAR EL TIEMPO

cincotintas

Oliver Luke Delorie ayuda a personas de todas las edades a ser más creativas, más audaces y más ingeniosas, de modo que puedan resolver sus problemas, celebrar los altibajos y dar caña haciendo lo que les encanta. Vive en Vancouver (Canadá).

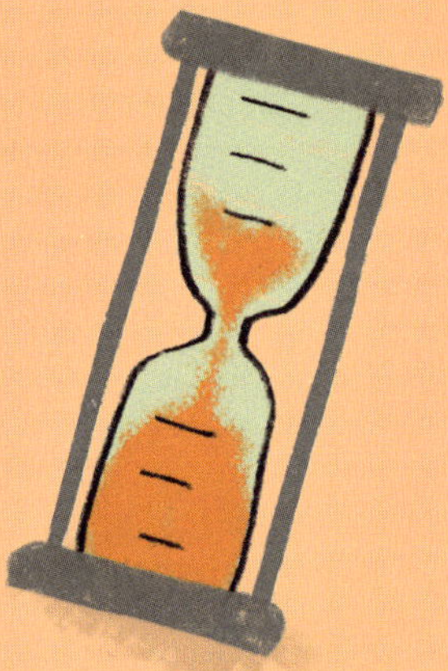

La edición original de esta obra ha sido publicada en el Reino Unido en 2017 por New Burlington Press, sello editorial de Quarto Publishing, con el título

100 Small Ways To Manage Your Time

Traducción del inglés
Montserrat Asensio Fernàndez

Diagonal, 402 – 08037 Barcelona

www.cincotintas.com

Impreso en China
Depósito legal: B 2386-2018
Código IBIC: VS – KJMT

ISBN 978-84-16407-48-4

PRÓLOGO

Creo que muy pocas habilidades básicas pueden ser más valiosas que saber gestionar nuestro mayor recurso, así que cuando mi editor me pidió que escribiera un libro sobre la gestión del tiempo, no lo dudé ni un instante. Ahora, meses después, soy el doble de productivo que antes de empezar a investigar y a escribir este libro. Sí, es muy probable que la mayoría de los 100 consejos que leerás en las páginas siguientes no te hagan saltar de emoción, pero estoy seguro de que te habré equipado con las suficientes balas de plata para que puedas acabar con los insaciables monstruos que acechan en la oscuridad, hambrientos y dispuestos a zamparse todo tu tiempo, como si lo que tú llamas vida fuera un bufet libre para ellos. ¿Qué harías con una hora más cada día? ¿A qué dedicarías una semana adicional cada año? Te insto a que recuerdes este sabio consejo: si es importante para ti, encontrarás el tiempo.

Oliver Luke Delorie

TIEMPO PARA TRABAJAR

1

LÍBRATE DEL ESTRÉS RESPIRANDO

Si dejas de respirar, puedes olvidarte de seguir preocupándote por gestionar el tiempo (a no ser que creas que esa habilidad te puede venir bien en la otra vida). Sin embargo, existas donde existas, el estrés es uno de los enemigos de la gestión efectiva del tiempo. Y relajarse es uno de los mejores antídotos para combatirlo. Tómate una pausa de cinco minutos y respira profundamente hasta que te encuentres mejor. Ahora vuelve a activarte poco a poco.

El zen de la gestión del tiempo: respira y ánclate en el momento presente.

2 SÉ PUNTUAL PARA EMPEZAR Y PUNTUAL PARA TERMINAR

Si estás preparado para arrancar en cuanto el semáforo cambia a verde, impresionarás a tu equipo con tu puntualidad y tu profesionalidad. Cuanto más organizado estés antes de cualquier reunión de trabajo, más fácil te será marcharte a la hora prevista (porque habrás estado plenamente presente e implicado). Esto te ganará el respeto de tus colegas (que ni siquiera se darán cuenta de que te levantas y te vas), los cuales estarán demasiado ocupados arrastrando los pies (y alargando la conversación inútilmente).

Tienes trabajo importante que hacer. Cíñete a tu horario.

3

PLANIFICA CON ANTELACIÓN

¿Hasta dónde puedes prever el futuro? Aunque solo puedas atisbarlo hasta el día de mañana, planifica con antelación. ¿Qué hay que hacer? ¿Qué es lo que te gustaría? La espontaneidad tiene su lugar, pero si sabes por adelantado qué vas a hacer, cuándo y cómo, serás más efectivo cuando arranque el motor y llegue el momento de pisar el acelerador.

Quien no prepara un plan se prepara para fracasar.

4

NO ESPERES A LOS REZAGADOS

Cerrar la puerta con llave una vez ha empezado la reunión es efectivo, aunque quizá algo duro para los miembros más sensibles del equipo (sobre todo si son ellos los que llegan tarde). Tal vez sea mejor que te limites a empezar sin ellos. El tiempo es oro (si no, pregúntale a mi excontable, que ordena su vida y factura a sus clientes en incrementos de seis minutos). Tu fuerza la limita el eslabón más débil de tu equipo, pero no tienes por qué dejar que los rezagados entorpezcan tu camino.

¿El tiempo de quién es más importante?

5

TELECONFERENCIAS

¿Por qué pasar horas al volante, en colas, en controles de seguridad o frenando ante cada banda sonora que te encuentres de camino a la próxima reunión? La tecnología permite que puedas reunirte con tus colegas en cualquier parte del mundo donde queráis veros. Tanto los dispositivos como los programas que ofrecen soluciones para teleconferencias son asequibles, fáciles de usar y, además, te ayudan a conservar tu recurso más valioso: el tiempo.

Tu presencia virtual es suficiente en la mayoría de las reuniones.

6

CONTRATA A TUS AMIGOS

¿Cuánto tiempo y dinero gastáis tu empresa o tú en seleccionar talento y músculo? ¿Dónde empieza uno a buscar? ¿Contratas a organizaciones externas para que encuentren el músculo ejecutivo, creativo, técnico y físico que necesitas? Si te sientes seguro seleccionando a las nuevas incorporaciones en tu círculo social, puedes dejar de pagar a cazatalentos la recompensa que quizá se merecen… o no.

Eres una referencia viva para tus amigos, lo que acelera el proceso de selección.

7

LAS PLANTILLAS AHORRAN TIEMPO

No hace falta que vuelvas a inventar la rueda. Hay miles de plantillas disponibles para todo lo que se te ocurra, desde presupuestos a impresiones en 3D. Acostúmbrate a copiar y pegar, porque miles de personas antes que tú te han hecho ya la mitad del trabajo. Súbete a hombros de gigantes usando plantillas para aumentar tu productividad y hacer más cosas en menos tiempo.

Utiliza plantillas para aumentar tu productividad en el trabajo y en casa, y harás más cosas en menos tiempo.

8 EL PRINCIPIO 80/20

Tradicionalmente conocido como «principio de Pareto», se trata de una fórmula matemática desarrollada por un economista italiano en 1906 que afirma que obtenemos el 80 por ciento de nuestros resultados con el 20 por ciento de nuestros esfuerzos, mientras que el 80 por ciento de nuestro esfuerzo solo produce el 20 por ciento de los resultados. Si quieres sacar el máximo partido a tus esfuerzos a partir de ahora, dedicar un tiempo a reflexionar sobre cómo aplicar este principio a tu vida profesional y personal podría cambiarlo todo.

Obtén más de lo que quieres
y menos de lo que no.

9 CÉNTRATE EN EL RESULTADO, NO EN LA ACTIVIDAD

¿Cuánto tiempo dedicas a «estar ocupado»? Estar inmerso en actividades que podrías documentar en un blog no significa necesariamente que estés siendo productivo ni que estés empleando tu tiempo de modo racional. ¿Recuerdas que delegar y priorizar tareas puede proporcionarte enormes recompensas? Pues, del mismo modo, centrarte en el «producto final» y en los «resultados de los proyectos» (en lugar de ocuparte y preocuparte por las tareas y rutinas diarias) te ayudará a concentrar tus energías en lograr resultados tangibles que quizá te sorprendan agradablemente (¡y a tu jefe!). Por último, los resultados se traducen en incentivos y en bonificaciones con mayor rapidez que las horas que pases corriendo en la rueda para no llegar a ningún sitio. ¿Qué quieres de la vida?

Cuando gestiones tu tiempo, céntrate en la calidad, no en la cantidad.

10

ASUME RIESGOS CALCULADOS

Si alguna vez has redactado un informe de ganancias, un análisis FODA (Fortalezas, Oportunidades, Debilidades y Amenazas) o, sencillamente, has garabateado una lista de pros y contras en una servilleta de papel, ibas por buen camino. Recabar tanta información como sea posible antes de tomar una decisión es una postura inteligente, pero proporciónate a ti mismo parámetros (y tiempo) para evaluar los riesgos, porque, por mucho que te emocione la idea de probar algo distinto, también puede dar algo de miedo; si sabes a qué te enfrentas, reducirás el riesgo de sufrir pérdidas.

No caigas en la trampa de la «parálisis por análisis».

11

PRIORIZA

La acumulación de responsabilidades no es ninguna catástrofe, porque ya priorizas en función de lo que te gusta y de lo que no. Si algo es importante, encontrarás tiempo para ello. Sin embargo, ¿qué sucede cuando tienes demasiado sobre la mesa y la situación te supera? Haz lo mismo que los profesionales: resuelve solo una cosa a la vez. ¿No sabes por dónde empezar? Piensa: ¿qué es lo primero que hay que hacer?

Si engrasas el engranaje que chirría más, no te equivocarás.

12 CONSOLIDA

Cuanto más caótica sea tu vida, más tiempo malgastarás (que jamás podrás recuperar). Si tu barco hace aguas en un océano de compromisos, deudas u obligaciones, ha llegado el momento de salvarte: céntrate en la fuga más grande. Si el ancla está empezando a soltarse, quedarás a merced de la marea. Las fusiones solidificarán tu posición y te proporcionarán la sensación de seguridad y de permanencia.

Reúne al rebaño y relájate.

13

IDENTIFICA TRES RESULTADOS

La mayoría de las situaciones cuentan con más de tres resultados posibles pero, de momento, no nos complicaremos y nos centraremos en este número. Imagina qué sucedería si alguien hiciera justo lo contrario de lo que esperas. ¿Y si un proyecto saliera muchísimo mejor de lo que habías anticipado? ¿Y si, por el contrario, fuera un fracaso absoluto? ¿Serías capaz de gestionarlo/arreglarlo/olvidarte de ello? ¿Y si sucediera lo peor? Centrar la atención en resultados exclusivamente negativos es contraproducente, así que mantén el equilibrio con dos resultados positivos y uno no demasiado bueno.

Prever resultados posibles te ayudará a gestionar mejor tus recursos.

14 SÉ MONOTAREA

Aunque la gente suele presumir de lo bien que se le da operar en modo multitarea, los expertos afirman que no es nada de lo que vanagloriarse. Independientemente de todo lo que tu prima consiga acabar en menos tiempo que todas las personas a las que conoce, quienes saben de qué hablan dicen que no estamos programados para hacer varias cosas a la vez. Sí, es cierto que se completan, pero ¿a qué nivel? Si estás distraído, no estás prestando toda tu atención.

Por el contrario, lo que sí funciona es la filosofía y la práctica de la «monotarea», que significa centrar la atención y los recursos en una persona/lugar/tiempo a la vez, de modo que puedas tener una idea realmente clara de lo que sucede y, por lo tanto, lograr mejores resultados.

Si un proyecto, una afición o cualquier otra actividad es importante para ti, ¿por qué no le prestas toda tu atención... aunque solo sea durante 30 minutos al día?

Céntrate en una única cosa a la vez.

15

APRENDE A DELEGAR

¿Y si pudieras clonarte? ¿Harías las cosas de otra manera? ¿En qué te centrarías? Aprovecha bien el tiempo y aprende a delegar tareas repetitivas o de las que no disfrutes especialmente. No eres un experto en todos los temas y proyectos (ni te gusta llevar a cabo todas las tareas), pero hay otros que sí lo son. Lo que para ti supone una carga hay personas que lo encuentran placentero: contrata a otros para que hagan las tareas pesadas (y así podrás concentrarte en lo que se te da mejor).

Delega en los demás el trabajo sucio.

16

APROVÉCHATE DE LA TECNOLOGÍA

A diario se conciben, programan y materializan nuevas tecnologías que hacen que nuestras vidas sean mejores, más sencillas, más cómodas y más placenteras. Y que nos dan más información, ventajas, una vida más larga, más tiempo, amor y recursos. Eso sí que es una responsabilidad. Aprovecha los avances de la ciencia y de la tecnología que prometen serte útiles, y crecerás y te beneficiarás de modos que jamás habrías imaginado.

Aún no has visto nada.
Y, en términos relativos,
esto no es más que el principio.

17

VIVE SIN PAPEL

El papel y los productos de papel siempre formarán parte de nuestras vidas, pero ahorrarás tiempo si reduces la cantidad que usas y malgastas si compras menos (o ninguno), si digitalizas tus documentos y si pides a tus colegas de negocios que hagan lo mismo cuando contacten y se comuniquen contigo. Da ejemplo en el trabajo o en casa y simplifica las cosas.

Reducir la cantidad de papel que usas disminuirá el desorden en tu escritorio y en los archivadores (de los que al final podrías deshacerte). Como ya sabes, crear desorden y gestionarlo consume tiempo. Por suerte, hay infinidad de aplicaciones que reducirán al mínimo tu dependencia del papel al tiempo que aumentarán al máximo el placer que obtienes de tus actividades laborales y personales.

Ahorra tiempo y protege los árboles. Vive sin papel.

18

USA LA HERRAMIENTA ADECUADA PARA CADA TAREA

Llamas a una fontanera para que venga a arreglar un grifo que gotea. Lo resuelve en cinco minutos y te cobra 100 euros. Te da por pensar que quizá deberías cambiar de trabajo y le preguntas por qué es tan cara. Te sonríe y te responde: «Son 10 euros por la pieza y otros 90 por saber cuál era el problema, qué herramienta usar y cómo». Alquilar o pedir prestadas las herramientas que necesitas te ahorrará tiempo, porque no tendrás que transportarlas, ni almacenarlas, asegurarlas, limpiarlas, repararlas o, al final, reemplazarlas.

No uses un tenedor para arrancar las malas hierbas del jardín.

PEAS

PEAS

19 ESCRIBE UNA LISTA DE TAREAS PENDIENTES EN UN PÓSIT

Cuanto menos tengas que hacer, menos cefaleas tensionales sufrirás. En un pósit no cabe nada demasiado monumental ni una lista interminable de cosas por hacer. Estas notitas son portátiles y adhesivas, así que es menos probable que las pierdas. Consérvalas cerca de ti y te recompensarán ayudándote a mantenerte centrado en tu misión, si eliges aceptarla.

Brillantes y adhesivos, estos cuadraditos de papel revolucionaron la productividad.

20

ESTUDIA LAS MEJORES PRÁCTICAS

¿Cuál es la mejor manera de resolver un problema? ¿Qué harían tus colegas más exitosos, el competidor al que más envidias o tu familiar más sensato para resolver un problema así? ¿Cómo descifran los profesionales el jeroglífico que a ti te resulta ininteligible? La información que necesitas está ahí, solo tienes que encontrarla, entenderla y aplicarla. Y, si no lo consigues a la primera, vuelve a intentarlo una y otra vez.

Investiga, estudia y aplica las políticas y los procedimientos más eficaces que encuentres.

21

CREA SISTEMAS

Por emocionante que pueda resultar ir improvisando sobre la marcha de manera espontánea, las mejores familias, organizaciones y empresas dan lo mejor de sí cuando cuentan con sistemas que estructuran, automatizan y garantizan un nivel de desempeño consensuado. Cuanto mejor sea el sistema, mejor será el resultado. Observa a tus compañeros, la industria y la competencia para detectar cómo y dónde podrías aplicar sistemas en tu estructura pública o privada para obtener el mayor aprovechamiento posible de tu tiempo y de tus recursos y lograr de forma constante bienes y servicios de mayor calidad (o para hacer tareas domésticas y disfrutar de más tiempo con tu familia).

Los sistemas son la fórmula secreta para el éxito de cualquier empresa humana.

22

DEJA DE PROCRASTINAR

El día tiene 24 horas y mantenerte con vida durmiendo, comiendo, etc. solo requiere un promedio de 10 o 12 horas (como máximo) diarias. ¿Alguna vez has pensado en todo lo que podrías conseguir si movieras el trasero e hicieras todo lo que ahora solo tienes en tu cabeza? Pasa a la acción imaginando una gran recompensa (o un severo castigo, si lo prefieres), porque la motivación solo puede proceder de tu interior. Organízate, haz lo que debes y te sorprenderás de los resultados.

¿A qué esperas?

23

PARÁLISIS POR ANÁLISIS

Evita caer en las garras de la fútil bestia de la «parálisis por análisis», que te hará sucumbir ante la tentadora sobrecarga de información y, de paso, conseguirá que pierdas mucho tiempo, que avances en círculos y que no emprendas ninguna acción definida (ni tomes ninguna decisión). Es muy fácil dejarse abrumar por hechos, cifras, estadísticas y datos, pero nadie tiene todas las respuestas en el momento adecuado (ni tampoco nadie espera que predigas el futuro como si fueras un vidente). Siempre que mantengas cierta flexibilidad, podrás ir ajustando el rumbo mientras avanzas.

Toma la mejor decisión posible con la información de la que dispones en ese momento.

24

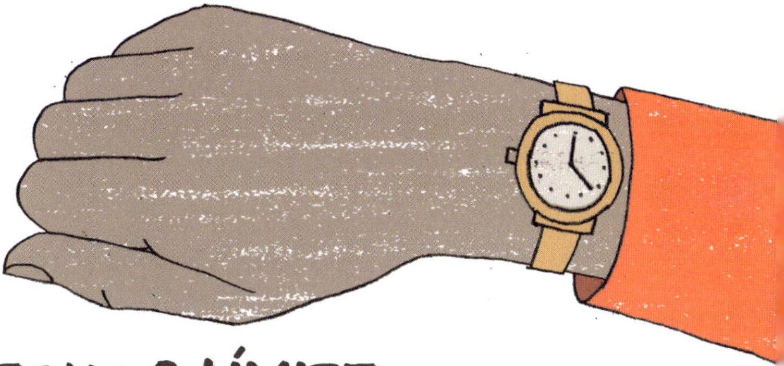

PONTE FECHAS LÍMITE

Cuando nos esforzamos para completar un proyecto o cumplir con un plazo de entrega, activamos una gran cantidad de energía, creatividad y adrenalina. Marcarte fechas límite realistas te ayudará a mantener un nivel elevado de motivación y de organización y a terminar las tareas a tiempo. Si respetar las fechas límite no se te ha dado muy bien en el pasado, no te preocupes. Cuanto más te esfuerces en cumplir con las obligaciones que te hayas impuesto (y las lleves a cabo), antes recogerás los frutos que reciben como recompensa quienes lo hacen de forma habitual.

Haz lo que prometes y a tiempo: transformará tu vida.

RODÉATE DE PERSONAS PRODUCTIVAS

25

¿Cómo gestiona su tiempo tu mejor amigo o amiga? ¿A quién llamas o escribes un mensaje o un correo electrónico cuando necesitas algún consejo? ¿Qué nivel de organización, productividad y satisfacción con sus vidas sienten? Haz el promedio de la capacidad organizativa, la sagacidad financiera y las opciones de estilo de vida de las cinco personas con las que pasas más tiempo y obtendrás una imagen precisa de quién eres (lo que incluye tu capacidad de gestión del tiempo). Dime con quién andas y te diré quién eres: ¿te mueves con personas prolíficas y productivas o, por el contrario, impuntuales y holgazanas?

Puedes adquirir muy buenos hábitos por osmosis.

15 MIN
× 500
15 MIN
× 40
15 MIN
× 10
15 MIN
× 2
1
= 15 MIN

26

PAUSAS PRODUCTIVAS

¿Qué haces durante las pausas para tomar un café o fumar un pitillo? ¿Las ahogas en cafeína u observas cómo se desvanecen en una nube de humo? ¿Por qué no las usas para responder a mensajes de texto y correos electrónicos importantes, para devolver llamadas telefónicas, mantener una conversación significativa con un compañero, encontrar un lugar tranquilo para meditar, estirarte, leer o planificar el resto de la jornada? Cada minuto tiene su importancia.

15 minutos por pausa × 500 pausas por año laboral = 125 horas.

27

DEJA EL TRABAJO EN EL TRABAJO

Tal y como sucede con los aficionados de equipos de fútbol rivales, lo mejor es mantener el trabajo muy alejado del ocio. A no ser que trabajes 80 horas a la semana para ti mismo (y, por lo tanto, no debas trabajar 40 horas a la semana para otra persona), cuando el reloj diga que es hora de apagar el ordenador, activar la alarma, fregar el suelo o bajar la persiana, es hora de prestar toda tu atención a las personas y a las actividades que amas. Eso significa desconectar del trabajo para poder estar plenamente presente en casa, en el bar con tus amigos o en la cabaña junto al lago.

No permitas que el trabajo se interponga entre tú y lo que más te importa.

28 IDEA UN SISTEMA DE ARCHIVO

Idear un sistema de archivo es pan comido. Si todos los documentos importantes están ordenados (lo de en el mismo sitio se da por supuesto), te ahorrarás días de tu tiempo que antes dedicabas a buscar facturas, contratos y recibos extraviados. No te compliques la vida: instaura un sistema de archivo sencillo e, independientemente de hacia dónde sople el aire, todo irá viento en popa.

P. D. Acuérdate de que está bien pedir ayuda si la necesitas.

Archiva y olvida.

29

ARCHIVA TUS IDEAS

¡Qué buena idea! ¿Cuándo fue la última vez que te despertaste en plena noche y te prometiste que recordarías «el secreto del universo» que se te había revelado en sueños solo para despertarte de nuevo a las pocas horas, intentando recordar desesperadamente la respuesta a todos los enigmas?

Una vez cuentes con un archivador de ideas, todo lo que apuntes en la libreta que tendrás junto a la cama acabará en un mismo sitio, ordenado alfabéticamente. El archivador se convertirá en una mina de oro a la que podrás acudir siempre que necesites inspiración.

El objetivo de tener un archivador de ideas es que todas ellas estén ordenadas y en un mismo sitio; así no tendrás que rebuscar (ni hacer esfuerzos de memoria) para recuperarlas.

30 EXPRIME EL TIEMPO

¿Cómo empleas mejor tu tiempo? ¿Cuándo estás concentrado? Aprovechar los momentos y las actividades que producen los mejores resultados es la manera más productiva de usar tu tiempo. ¿Qué tal se te da el tiro con honda? ¿Por qué no matar dos (o tres) pájaros de un tiro? ¿Quieres aprender un idioma? Aprovecha para estudiar mientras vas en autobús o haces deporte. Es mucho mejor que el divertido (aunque inútil) pasatiempo de observar a la gente. Exprimir el tiempo no significa activar el modo multitarea, sino dedicarlo a aquello que ofrezca más resultados (repasa «El principio 80/20», en la página 16).

Sigue moviéndote aunque el tiempo se pare.

你好

31

TOCA LAS COSAS UNA SOLA VEZ

Cuando algo aparezca sobre tu escritorio, no lo cojas ni lo mires a no ser que vayas a archivarlo o a ocuparte de ello de inmediato. Si abres un correo electrónico, léelo y respóndelo al momento. No toques nada más de una vez. Si decides limpiar el garaje, haz lo que debas con todo lo que encuentres en cuanto te topes con ello. No tiene sentido mover las cosas de un lado a otro ni dedicar una cantidad de tiempo innecesaria a decidir qué hacer con dicho objeto por segunda (o tercera) vez.

Cógelo y resuélvelo ya.

32

EVITA LAS REUNIONES SIN ORDEN DEL DÍA

Las reuniones sin orden del día son fiestas. Si hay que hacer algo o tomar decisiones, no solo no tienen sentido, sino que son una monumental pérdida de tiempo, a no ser que se trate de una sesión de lluvia de ideas (y, en este caso, el orden del día debería ser «Sesión de lluvia de ideas»). Ya sabes cómo son las reuniones en tu trabajo. ¿Se avanza? ¿La asistencia es obligatoria? De no ser así, reduce al mínimo la cantidad de tiempo que pierdes en eventos de este tipo y aplícate a tu trabajo.

Cada minuto que dedicas a algo es un minuto que no dedicas a otra cosa.

TIEMPO PARA TI

33 INSTAURA RUTINAS

Si estás leyendo este libro, es muy probable que tiendas a gestionar tu tiempo a lo loco y que vayas haciendo las cosas a medida que te las vas encontrando. Sin embargo, al igual que la mayoría de las personas, podrías instaurar una serie de rutinas básicas para tus rituales de la mañana, la tarde o la noche a partir de lo que sueles hacer cada día hacia la misma hora. Mantener y completar tus rutinas actuales puede ser tan sencillo como tomar conciencia de la estructura con la que ya cuentas y adaptarla para incluir nuevos hábitos o actividades.

Aprende a actuar como un robot y tal vez las máquinas te perdonen la vida si alguna vez toman el control del mundo.

34

NO, GRACIAS

Agradecer (y rechazar con elegancia) las ofertas para hacer algo que, en realidad, no te apetece, te ahorrará una cantidad colosal de tiempo, dinero y energía. Complacer a todo el mundo es imposible (seguramente eso ya lo sabías). Decir «Gracias, pero no, gracias» exige valor y práctica; sin embargo, mostrarte asertivo y despejar tu agenda es algo muy factible. A continuación encontrarás algunos ejemplos para que veas lo fácil que puede llegar a ser.

Los beneficios de decir «Gracias, pero no, gracias» incluyen menos dolores de cabeza, estrés y pérdida de tiempo y de dinero. Es imposible complacer a todo el mundo.

ELLOS: «Mamá, ¿me puedes lavar, colgar y planchar la camisa para el trabajo?».

TÚ: «Cariño, me halaga que pienses que se me da tan bien hacerte la colada, pero creo que ha llegado el momento de que aprendas. Ven, que te enseño».

ELLOS: «¿Me puedes prestar algo de dinero?».

TÚ: «Gracias por preguntar, pero llevo (llevamos) el dinero justo».

ELLOS: «Estábamos pensando en que podríamos pasar las Navidades con vosotros».

TÚ: «Es una idea estupenda, lástima que ya hayamos reservado un viaje a [inserta el nombre un lugar muy, muy lejano]».

ELLOS: «¿Quieres salir conmigo?».

TÚ: «Me halaga que me lo pidas, pero ya estoy saliendo con alguien».

ELLOS: «¿Por qué no vamos a comer juntos (léase: cotillear y quejarnos de los compañeros de trabajo) hoy?».

TÚ: «Gracias, pero hoy me he traído la comida de casa. Quizá otro día».

35

CORTA LOS PROBLEMAS DE RAÍZ

Al igual que Jimi Hendrix en *Voodoo Child*, derriba las montañas con el borde de la mano mientras aún sean meras colinas. Cuanto más tiempo dejes que las cosas se pudran o germinen, más crecerán (a veces, hasta escapar a tu control). Es mucho mejor decir lo que sea necesario o hacer lo que se deba antes de que la situación se salga de madre. Derretir los copos de nieve antes de que se conviertan en una avalancha te ahorrará tiempo; además de dolores de cabeza, estrés y malos humores. Apaga la chispa antes de que se convierta en un incendio.

Más vale prevenir que curar.

36

MEJORA TU PROCESO DE TOMA DE DECISIONES

¿Cómo tomas las decisiones ahora? Encuentra tiempo de creatividad para identificar qué te importa de verdad. Y luego entrena a tus entrañas, a tu intuición, a tu tabla de ouija, a tu astrólogo personal o a tu suegra para que te ayuden a diseñar un proceso que te permita tomar mejores decisiones con mayor rapidez. Cuanto menos tiempo pases dándole vueltas a qué hacer, más tiempo tendrás para explorar los caminos secundarios donde aguardan, escondidos, todos los tesoros.

Cuando llegues a una bifurcación, ¡a por ella!

37

RESPETA TUS CICLOS NATURALES

¿Eres búho o alondra? Si aún no te has parado a pensar en tu cronotipo, empieza ahora a fijarte en cuándo eres más creativo y productivo, y tienes más energía. La mayoría de personas son más productivas cuando están menos cansadas, aunque hay estudios que demuestran que algunas alcanzan su pico creativo poco antes de acostarse. Si cuidas de tu jardín siguiendo los ciclos lunares, reconocer tus ciclos diarios y mensuales (o biorritmos) no es algo muy distinto. Aunque no todo el mundo baila al ritmo del mundo natural, así que otra manera de aprovechar el tiempo al máximo es ser consciente de cuándo estás a tope y cuándo necesitas descansar.

Acomete las tareas más complicadas cuando tengas más energía.

38 SIMPLIFICA TU VIDA

Elaborada, compleja y sofisticada, la vida te complicará la vida tanto como la dejes hacerlo. Llenar la agenda únicamente para mantenerte ocupado (léase: distraído) te atrapa en una red de la que solo puedes escapar si optas por la versión más accesible al usuario. Dado que hay múltiples maneras de resolver un problema, la más sencilla suele ser también la mejor, porque la sencillez mueve cielo y tierra. Ahorra tiempo y escapa antes de que la araña te atrape.

El helado más popular es el de vainilla.

39

LA CONCIENCIA PLENA ES IMPORTANTE

La sabiduría viene de la experiencia, pero puedes acceder a la conciencia plena en cualquier punto del camino. No creas que has de comprar un billete a la India, escalar una montaña en busca de un gurú, ponerte un taparrabos y sentarte en una cueva con los ojos cerrados mientras cantas «OM» hasta alcanzar la iluminación. Lo único que necesitas para percibir la vida con mayor conciencia es contemplar, metafóricamente, los frutos de tu labor (tiempo) a medida que florezcan en el árbol.

Con la conciencia plena, el tiempo parece desaparecer.

40

CONOCE TUS LÍMITES

¿Qué o quién te ocupa demasiado tiempo? Aunque no pongas cortapisas a las demandas sobre tu tiempo (o sí lo hayas hecho, pero no las respetes), todos tenemos nuestro límites. Quizá seas extraordinariamente generoso, pero luego te sientas agotado y quemado. Si instauras límites conscientes sobre tus responsabilidades, liberarás tiempo para las personas y las cosas que más te importan.

Conoce tus límites y respétalos.

41

PROGRAMA LAS TAREAS DOMÉSTICAS

Es posible que crecieras con un calendario en la puerta del frigorífico donde aparecían reflejadas las tareas de cada miembro de la familia. Y si tus padres no te impusieron este régimen estricto, quizá fueron tus compañeros de piso durante tu época de estudiante quienes te pidieron amablemente que hicieras tu parte. Sea como sea, programar (y delegar) las tareas domésticas te ayudará a garantizar que la casa esté limpia y ordenada. Y que esté así cuando toca. Acuérdate de preguntar a todas las personas implicadas cuánto tiempo creen que hay que dedicar a cada tarea, para que la lista evolucione a medida que las personas vayan creciendo.

Un minuto ahorrado con los platos es un minuto ganado para el jardín.

42

PON LÍMITES

Ir más allá de tus posibilidades para intentar satisfacer lo que crees que necesitan los demás te dejará agotado, tanto emocional como físicamente (y, en ocasiones, incluso espiritualmente). Lo contrario también es cierto. Si no te proteges de las exigencias indebidas sobre tu tiempo, pones en peligro el control sobre tu vida y debilitas todavía más tu posición. Poner (y mantener) límites es una demostración de relaciones saludables, tanto en casa como en el trabajo. Si comunicas qué necesitas, cuándo y por qué, no te equivocarás.

Cuando pongas límites, empieza diciendo «Siento que...» y «Necesito...».

43

UN MINUTO TE AHORRA CINCO

La investigación demuestra que cada minuto invertido en planificar ahorra cinco minutos a la hora de ejecutar. ¿Te imaginas ser cinco veces más efectivo? ¿Qué harías con todo ese tiempo adicional a tu disposición? Imagina las posibilidades. Por supuesto, cuanto más estratégica sea tu planificación, mejores serán los resultados, pero con la práctica llegará la perfección. ¡Caramba! Con esta estrategia (y las otras 99 maneras de gestionar tu tiempo), tienes todo lo que necesitas para retomar las riendas de tu vida. Ahora tómate cinco minutos para poder asimilarlo todo.

La investigación demuestra que cada minuto que invertimos en planificar algo por adelantado nos ahorra cinco minutos de trabajo.

44

NO PIERDAS VEINTE MINUTOS EN UN PROBLEMA DE CINCO

Este consejo se explica por sí solo y, a pesar de ser muy sencillo, te hará cambiar de chip a la hora de gestionar el tiempo (si es que no has tenido ya un momento eureka al leer el título). Aunque parece de sentido común, ¿cómo determinamos qué merece cinco minutos de nuestra habilidad para resolver problemas y qué necesita veinte? Depende del problema.

Más allá de la obviedad, esta táctica te convertirá en un amo del tiempo.

Problema de cinco minutos: ¿Qué hago para cenar?
Solución de + 20 minutos: Sentarte con un montón de libros de cocina y que se te haga la boca agua con cada foto.
Solución de cinco minutos: Abrir la nevera, elegir tres ingredientes y empezar a cocinar.

Problema de cinco minutos: ¿Qué me pongo para una cita?
Solución de + 20 minutos: Pasarte el día en el centro comercial y quemar la tarjeta de crédito para adquirir todo un vestuario nuevo.
Solución de cinco minutos: Abrir el armario, elegir tus tres prendas preferidas, probártelas y decidirte por la que te haga sentir más sexi.

Problema de cinco minutos: ¿A qué correspondencia contestar?
Solución de + 20 minutos: Procrastinar un rato y luego pasar horas respondiendo a todo el mundo.
Solución de cinco minutos: Seleccionar los mensajes que requieren atención inmediata, responderlos y delegar/ignorar los demás.

Problema de cinco minutos: ¿Qué película voy a ver al cine?
Solución de + 20 minutos: Sentarte frente al ordenador y caer en el vórtice de mirar un tráiler tras otro.
Solución de cinco minutos: Cerrar los ojos, pasar el dedo sobre los títulos y elegir uno al azar.

Problema de cinco minutos: ¿Qué marca compro?
Solución de + 20 minutos: Sumergirte en los detalles de las opiniones de consumidores.
Solución de cinco minutos: Seguir tus instintos y elegir el mejor producto en función de tus necesidades y preferencias.

45 LLUVIAS DE IDEAS

Norma número uno. En la mesa de la lluvia creativa de ideas no hay sitio para el editor analítico que es el hemisferio cerebral izquierdo. Reserva una cantidad de tiempo predeterminada para planificar, idear e inventar nuevas maneras de gestionar todo lo necesario.

Norma número dos. No hay normas. El beneficio de lo que algunos llaman «volcado cerebral» consiste en capturar tantas ideas alocadas como puedas (sin juzgarlas). Algunas resultarán completamente descabelladas, pero es muy posible que otras te permitan avanzar a pasos agigantados en todos los aspectos de tu vida. Si esto no es hacer un buen uso del tiempo, ¿qué puede serlo?

Invertir tiempo en una lluvia de ideas puede ofrecer beneficios astronómicos.

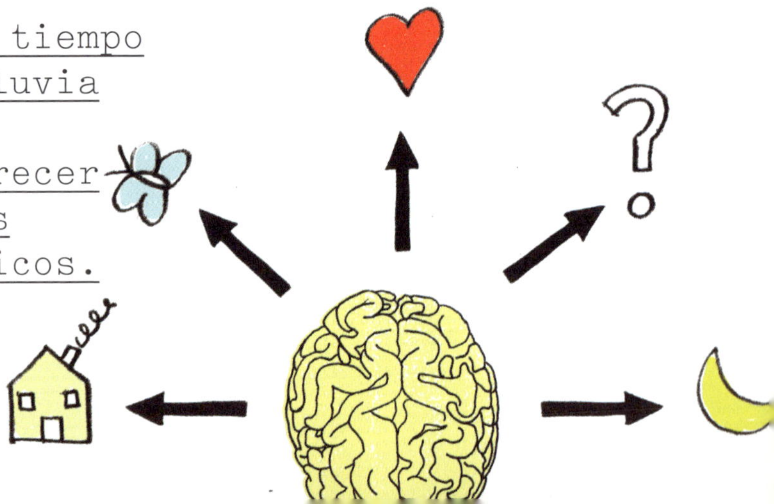

46

MADRUGA

¿Tienes la sensación de que el día no tiene horas suficientes? Aunque se la tengas jurada a la alarma del despertador, acostarte (y levantarte) con el sol (dependiendo de dónde vivas) puede ser lo único que necesitas para poder hacer más cosas. ¿Quieres más paz y tranquilidad? Hay menos perros ladrando, niños llorando y estruendosos cortacéspedes a las seis de la mañana (por no hablar del tráfico de camino al trabajo).

Quien madruga a sí mismo se ayuda.

47

CUÍDATE

Para poder gestionar el tiempo, necesitas como mínimo una cosa: a ti. Si no estás en plena forma, tardarás el doble (si no más) en hacer las cosas. Tal y como ya sabes, mantener una buena salud emocional, física y espiritual es esencial para la supervivencia (no digamos ya para prosperar en cualquier actividad). Por suerte o por desgracia, nadie sabe mejor que tú qué necesitas, lo que significa que eres el único responsable de tu salud, de tu riqueza y de tu felicidad.

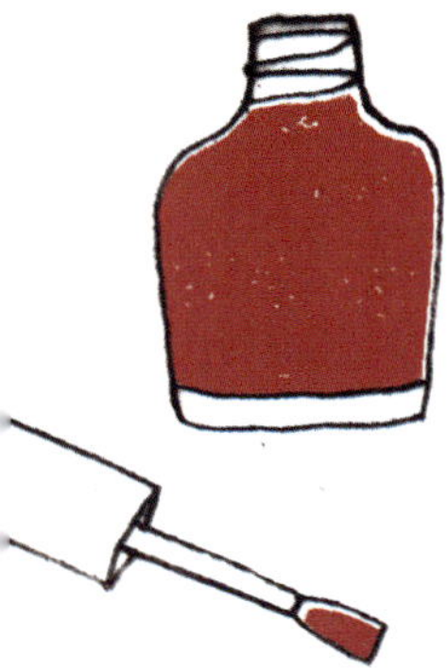

La hierba no se esfuerza en crecer. Y tú tampoco deberías hacerlo.

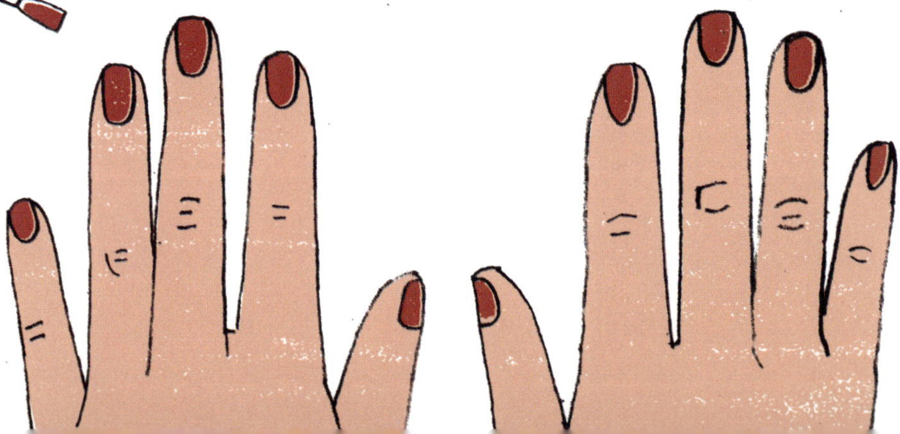

Lee un libro de autoayuda: Independientemente de cómo quieras cambiar tu vida, hay infinitos asesores (algunos acreditados y otros no tanto) que anhelan compartir contigo sus consejos y trucos para mejorar tu situación. Acude a una biblioteca o a una librería y elige uno.

Haz ejercicio: Arriba, abajo, arriba, abajo; uno, dos, tres, cuatro. Si no duele, no funcionará. El éxito es doloroso. Claro que, si fuera fácil, no valdría la pena. Cálzate las zapatillas deportivas y da la vuelta a la manzana. Si sobrevives, aprieta el paso y, la próxima vez, hazlo corriendo.

Quédate en la cama a propósito: Cepíllate los dientes, ve al lavabo y prepárate un bol de cereales. Ahora vuelve a meterte en la cama. Y quédate ahí. Sí, probablemente te sientas culpable (e incluso notes cierta ansiedad), pero respira hondo y disfruta. Apaga el teléfono y vuelve a dormir.

Cultiva tus verduras: Apáñatelas para hacerte un huerto y pregúntale al vecino que el año pasado obtuvo el trofeo a la mejor calabaza, cómo cultivar… tus propias verduras. Cuando llegue el momento de la cosecha, entrarás en éxtasis (del legal).

Tómate un día para cuidar de tu salud mental: Pide cita en el spa local y disfruta mimándote. Que te hagan un masaje, un tratamiento facial, la manicura y la pedicura y sumérgete en un baño de burbujas (o en el jacuzzi) antes de disfrutar de los brotes verdes y del jugo de pasto de trigo para almorzar.

48

COMBINA RECADOS

¿Puedes parar un momento en el supermercado de camino a las clases de natación? ¿Necesitas gasolina? Reposta de camino a casa. La mayoría de las personas tienden de forma natural a añadir tantas tareas adicionales como puedan a su horario de actividades habituales. Si tú no eres una de ellas, no pasa nada, pero, a partir de ahora, intenta polinizar tantas flores como te sea posible en una sola jornada.

Observa dos pájaros con unos solos binoculares.

ROCAS, GUIJARROS, ARENA

49

¿Te cuesta encontrar tiempo para lo más importante? Para aplicar la estrategia de rocas-guijarros-arena a la hora de priorizar, piensa que tu tiempo es como un tarro que has de llenar con tu lista de tareas. Las rocas son la mayor prioridad, como poner gasolina cuando ya llevas un tiempo conduciendo en reserva. Los guijarros no son tan urgentes, pero sí que son importantes, como, por ejemplo, organizar el escritorio o la bandeja de entrada. Para terminar, llena el resto del tarro con arena, que son las actividades de prioridad baja, como ver maratones de series. Si llenas el tarro con arena, ¿dónde meterás los guijarros y las rocas?

Llena la jarra primero con las rocas más grandes (las más importantes).

50

TU MEDIO DE COMUNICACIÓN PREFERIDO

Hay miles de millones de maneras de hacer cualquier cosa y, cuando se trata de comunicarnos con los demás, es probable que existan otras tantas. Sabiendo esto, es casi inevitable que malinterpretemos los mensajes que recibimos en nuestras comunicaciones diarias, tanto los obvios y explícitos como los más sutiles e implícitos. Por eso es fundamental que los demás sepan cómo prefieres recibir la información. ¿Prefieres la comunicación cara a cara, los mensajes de texto, los correos electrónicos o las llamadas telefónicas? Comprad el mismo billete para hacer el mismo trayecto y al mismo tiempo.

Cuanto más juntos estemos, más felices seremos.

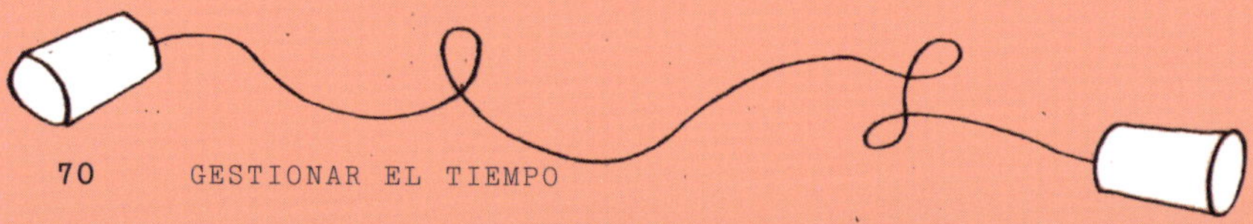

51

DEJA TUS OBJETOS PERSONALES DONDE PUEDAS ENCONTRARLOS

Cuando llegues a casa, deja el bolso, las llaves, la cartera y el móvil en el mismo sitio. Y haz lo mismo cuando entres en el coche. Un amigo mío recibe con regularidad llamadas de amables desconocidos que le informan de que han encontrado objetos suyos que ha extraviado. Evidentemente, esta situación le acaba resultando estresante. ¿Y a quién no? No necesitas más estrés ni retrasos en tu vida. Así que haz lo que te digo, no lo que hace mi amigo...

La repetición es la madre de la gestión del tiempo.

52

APROVECHA EL TIEMPO AL VOLANTE

¿Cuánto tiempo pasas conduciendo de casa al trabajo o a la escuela y de camino a actividades sociales y deportivas, y luego viceversa? ¿Cómo podrías conseguir que los atascos de tráfico fueran más productivos? En lugar de ponerte nervioso, ¿podrías aprovecharlos para relajarte mediante ejercicios de respiración profunda o para escuchar un audiolibro o un podcast inspirador o entretenido? ¿Y qué me dices de adelantar llamadas importantes (¡con el manos libres, claro está!)? ¿Cuándo fue la última vez que llamaste a tu madre?

Piensa en el tiempo al volante como si fuera tiempo libre.

53 PAGA TODAS LAS FACTURAS POR INTERNET Y AL MISMO TIEMPO

Al igual que sucede cuando consolidas las deudas, pagar todas las facturas a la vez no solo te ahorrará tiempo, sino que también eliminará la sensación de inquietud que aparece cuando no prestamos atención a los detalles. Las facturas pendientes en plazos distintos y con métodos de pago diversos acudirán a tu mente cuando lo único que quieras hacer es dormir (como si no tuvieras ya suficientes cosas en las que pensar antes de acostarte). La banca por internet, las transferencias instantáneas y las domiciliaciones bancarias hacen que pagar las facturas sea cuestión de un momento, por lo que no hay excusa para no hacerlo.

Domicilia los recibos y olvídate de ellos.

54

EMPIEZA POCO A POCO

Comenzaste la vida como una diminuta mota de protoplasma. ¡Y mírate ahora! Todos y todo hundimos nuestras raíces en una energía sin forma definida, lo que demuestra que, por pequeños y humildes que sean nuestros principios, podemos crecer y lo hacemos. Organiza tu vida de manera consciente alrededor de aquello que más valores y plantéate retos cuando sea necesario. Cuando empieces algo nuevo, sé paciente: la naturaleza tiene sus propios tiempos.

Ve paso a paso: Roma no se construyó en un día, al igual que nada que sea importante.

55 CUELGA UN RELOJ EN LA PARED

Tic-tac tiqui-tac, relojito, horas das… con el único propósito de recordarte que controlas el tiempo (o todo lo contrario). Mantengas una relación de amistad o de enemistad con el cómputo preciso de tus experiencias vitales, registrar segundo a segundo o minuto a minuto cómo pasas tu existencia es crucial a la hora de planificar y organizar la jornada. Recuerda, si puedes medirlo y registrarlo, puedes controlarlo.

El tiempo es tu amigo.

56

CONTRATA A UN AYUDANTE VIRTUAL

Los ayudantes virtuales han cambiado nuestra manera de trabajar, aunque aún está por ver si/cuándo/cómo modificarán el modo en que lo hacemos. Sin embargo, si eres autónomo, es muy probable que, con frecuencia, el tiempo «para ti» se convierta habitualmente en el tiempo «para los recados», por lo que contratar a alguien para que lleve a cabo las tareas más repetitivas, prolongadas o aburridas puede salvarte de las garras de ese abismo sin fondo donde el tiempo libre no existe. Los servicios de asistencia virtual con sede en el extranjero suelen ser más baratos pero, con independencia de dónde decidas contratar el servicio, pide (y verifica) referencias antes de desprenderte del dinero que tanto te cuesta ganar.

La experiencia demuestra que no hay duros a cuatro pesetas.

57

UNA VIDA FÁCIL EXIGE ESFUERZO

Según mi mentor, si haces lo que te resulta fácil y cómodo, tu vida acabará siendo complicada e incómoda, mientras que, si haces aquello que te resulta difícil e incómodo, tu vida será fácil y cómoda. En otras palabras, si quieres conseguir el resultado que anhelas, has de pagar un precio. Es posible que, al principio, gestionar el tiempo te resulte difícil e incómodo, pero te dará dividendos durante el resto de tu vida.

Si quieres algo que no has tenido nunca, debes hacer algo que no hayas hecho jamás.

58 COORDINA LOS HORARIOS FAMILIARES

Cenar en familia y sincronizar los relojes en lugar de disfrutar de un decadente postre de chocolate quizá sea extremo, pero seguro que entiendes por dónde voy. Es probable que ya os comuniquéis lo suficiente para cooperar, pero siempre puedes limar los bordes para que el acabado sea perfecto. Y, aunque parezca que no va a funcionar, cuando por fin lo haga, será como la perfección planificada. El objetivo es construir una máquina bien engrasada para que puedas disfrutar de más tiempo para ti.

Apunta a la luna y alcanzarás las estrellas.

59

NO TOMES DECISIONES

Si sientes que estás caminando metafóricamente sobre arenas movedizas, que la «parálisis por análisis» te ha bloqueado o que estás perdiendo tiempo preocupándote por si tomas una decisión «equivocada», lo primero es esto: no hay decisiones «equivocadas». Si ves que has iniciado un camino que no te motiva, no pasa absolutamente nada por detenerte un momento, corregir el rumbo y darte permiso para no tomar ninguna decisión. Es un farol temporal, pero una mano de póquer muy efectiva si se usa en el momento adecuado.

Decide no decidir.

60

PROGRAMA TUS AFICIONES

Cuando planifiques tu tiempo de ocio, no uses un lápiz para apuntarlo en la agenda, sino ¡un rotulador negro de punta gruesa! Si no te comprometes de verdad con pasar tiempo haciendo cosas que te inspiran y te relajan, no conseguirás alcanzar un equilibrio saludable entre la vida laboral y la personal. Y si tu vida no está equilibrada, jamás podrás entender del todo (ni practicar) el concepto de gestión del tiempo efectiva. No te preocupes si solo puedes arañar una hora a la semana. Hazlo. Es igual que si ahorras el 10 por ciento de tus ingresos, el interés compuesto se irá acumulando y te dará unos dividendos extraordinarios en el futuro.

Si no puedes encontrar el tiempo para disfrutar (o explorar) una afición, más te vale hacerte un chequeo del cuello hacia arriba.

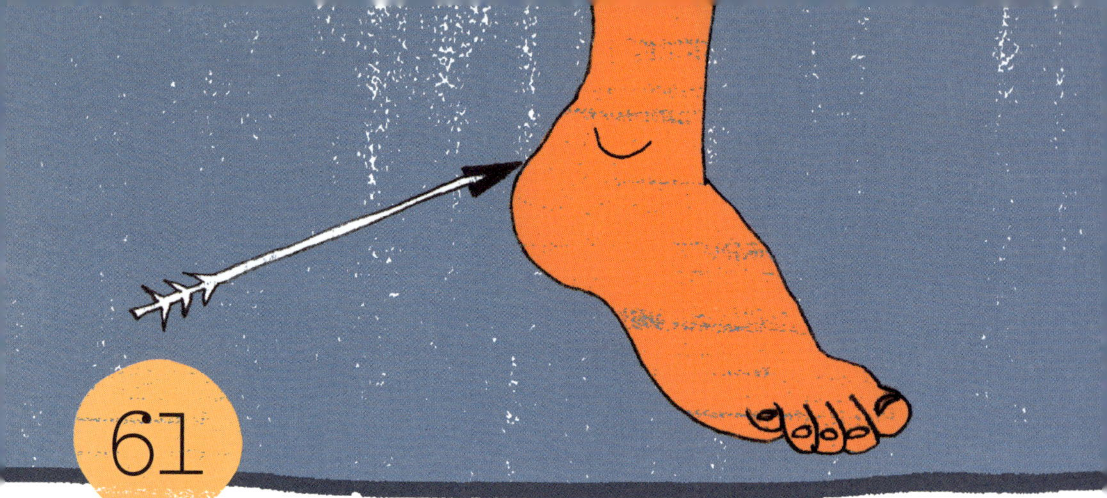

61

NO EMPIECES LOS PROYECTOS CON MAL PIE

La confianza es la mejor garantía, pero si no estás plenamente comprometido con hacer lo necesario para culminar un proyecto, más vale que no lo empieces. Eso sí que es una pérdida de tiempo. Este talón de Aquiles figurado es la maldición de innumerables empresarios, creativos y aventureros. Tanto que podrían escribirse libros enteros sobre esta manera de pensar. Si no puedes ver el final con claridad meridiana, no des ni un paso más. Sí, lo mejor es entender los fracasos como oportunidades de aprendizaje, pero… ¿hace falta hacerlo a golpes?

Sigue a tu corazón, pero solo si está donde debe.

62

FILTRA LAS LLAMADAS

Independientemente de a qué o a quién hagas responsable de la creación de todo, el buzón de voz es divino. Reducir el tiempo que malgastas en detalles improductivos, como recibir llamadas telefónicas de todos los rincones del mundo acerca de cualquier tema imaginable, es como cruzar las puertas del cielo. Ya sea tu secretaria, tu ayudante personal o un miembro de la familia, se merecen todo tu agradecimiento por ahorrarte años de tiempo que, de otro modo, dedicarías a desbrozar ese lodazal que llamas «buzón de voz». Blinda tu precioso tiempo.

El vanguardista personaje de Brad Pitt en *El club de la lucha* afirma «Jamás respondo al teléfono».

63 PON LÍMITES DE TIEMPO A LAS ACTIVIDADES

Si sabes que tardas una hora en lavarte el cabello de principio a fin, pon un temporizador. Ya, esto acaba con la diversión, así que actívalo cuando hagas tareas de las que no disfrutas especialmente. Dedica solo una hora diaria a hacer la colada. O limita las compras de Navidad a un viaje, un día o una semana (a menos que sea uno de tus momentos preferidos del año; en este caso, olvídate de la gestión del tiempo). En cambio, si piensas que es una tarea pesada, haz lo que sea necesario para incluir los regalos de todo el mundo en el itinerario. Y si no lo consigues, no vuelvas a intentarlo una y otra vez: échale la culpa a los ayudantes de Papá Noel, que no entregaron la carta a tiempo.

Si sueles no trabajar fuera de tu horario laboral, ¿por qué no haces lo mismo en otros momentos de tu vida?

64

OLVÍDATE DE LAS LLAMADAS PERDIDAS

Tienes mejores cosas que hacer que devolver llamadas perdidas. Con frecuencia, la persona a la que llamas ni siquiera contesta, lo que significa que aún has de perder más tiempo dejando un mensaje. El pilla-pilla telefónico es un círculo vicioso, no algo a lo que quieras jugar. Si no te han dejado un mensaje, es que no era tan importante. Entonces ¿por qué ha de importarte a ti?

Deja un mensaje al oír la señal.

65

LLEVA UN DIARIO DEL TIEMPO

Lleva un diario o un registro de tu rutina y de las actividades extracurriculares y verás de una sola tacada qué tareas engullen más tiempo. Muchos trabajadores autónomos o creativos necesitan saber cuánto tiempo han de facturar a los clientes o necesitan para terminar un cuadro, una escultura o una grabación. Si puedes medirlo, puedes registrarlo. Y si puedes registrarlo, puedes controlarlo. ¿Dominas tu jornada o no?

Pon tus prioridades en perspectiva.

66

OLVÍDATE DEL TIEMPO

Que un libro de consejos para la gestión del tiempo te pida que te olvides del tiempo puede parecer contraintuitivo, pero si estar al mando y supervisarlo todo en tu vida personal y profesional te estresa y te perjudica del algún modo, tómate un respiro. ¿Cuándo fue la última vez que no tuviste que gestionar, coordinar, controlar o diseñar lo que fuera que estuviera sucediendo? Si el tiempo vuela cuando te diviertes, ¿se detiene para observar tu sufrimiento cuando las cosas no van tan bien?

¿El tiempo es tu amigo o tu enemigo? Tú eliges.

TIEMPO
PARA
DISFRUTAR

CITA PARA DOS

67

Recuerda que dos son compañía. Reserva una noche para una cita con una persona especial. Puede ser una cita madre-hijo, amigo-amigo o marido-mujer. A todo el mundo le gusta sentirse especial, incluso a tu perro. Una cita con tu perro podría consistir en sacarlo a dar un paseo más largo de lo habitual.

Pasar tiempo de calidad a solas con alguien te permite concentrarte, escuchar y hablar con atención, lo que hará que esa otra persona se sienta especial. A cambio, hará lo mismo por ti y te sentirás valorado, comprendido y conectado.

¿Puede haber una manera mejor de pasar el tiempo?

Pasa tiempo de calidad con las personas importantes de tu vida.

68

BLOQUEA LAS DISTRACCIONES

¿Qué te distrae y perturba tu concentración zen cuando estás inspirado? Sea como sea, las alertas del móvil, los anuncios parpadeantes, los niños insistentes, los correos electrónicos incesantes, los compañeros de trabajo que revolotean por la oficina como abejas en busca de miel y multitud de distracciones más te desequilibrarán si no estás atento y todas estas interrupciones te molestarán tanto que te costará recuperar la compostura. Pero debes hacerlo.

Es imposible hacer cosas grandes si las pequeñas te distraen.

69

¿IMPORTA?

Aunque los nihilistas se mostrarán en desacuerdo, basta con que sea importante para ti para seguir adelante. Si alguna vez dudas de si algo merece tu tiempo y tu atención, plantéate esta pregunta. Es posible que descubras una verdad interior o un punto de vista opuesto que te ayude a aclarar el problema. En última instancia, qué haces, qué decides y a qué dedicas tu tiempo y tu energía solo depende de ti. Por eso, cuestionártelo todo puede ayudarte a aclarar qué te motiva y qué te inspira.

El tiempo siempre acaba mostrándote qué es importante y qué no.

70 LÍBRATE DE LA PROCRASTINACIÓN DEL MOMENTO ADECUADO

Si sufres del extendido mal conocido como «procrastinación del momento adecuado» y, según dónde vivas, tu estado de ánimo es más variable que el tiempo (por eso, esperar al momento «adecuado» para hacer las cosas es la receta ideal para una vida poco productiva e insatisfactoria), es muy posible que experimentes tropiezos y fracasos. Sin embargo, los fracasos solo demuestran que algo no ha funcionado y los tropiezos te advierten de que hay otras maneras de alcanzar tus objetivos. Solo tienes que encontrarlas.

Adopta la actitud de que aprenderás sobre la marcha.

Pensamiento: «No tengo la formación adecuada».
Acción: Cree en ti y matricúlate en un curso para aprender de quienes han venido antes que tú.

Pensamiento: «Esperaré hasta que tenga [insertar recuso]».
Acción: Haz lo que puedas con lo que tienes ahora. Cuando te topes con un obstáculo (real o imaginado), activa tus reservas de apoyo tangible e intangible.

Pensamiento: «Mi horóscopo dice que no es el momento adecuado».
Acción: Si valoras los consejos espirituales, busca la información que necesites para saber en qué momento pisar el acelerador. De este modo, cuando el semáforo cambie a verde, podrás avanzar.

Pensamiento: «No me apetece».
Acción: ¿Qué no te apetece? ¿Saborear la victoria que supone lograr tus objetivos y hacer realidad tus sueños? Siéntate frente al ordenador, ve al taller, responde al teléfono o abre ese cajón. En cuanto centres tu atención en algo, sentirás que una fuerza invisible acude en tu ayuda.

Pensamiento: «Me da miedo fracasar».
Acción: Si permites que el miedo decida por ti, siempre serás desgraciado. Los oradores motivacionales recomiendan aceptar que tenemos miedo y hacer lo que sea de todos modos. ¿Qué puedes perder?

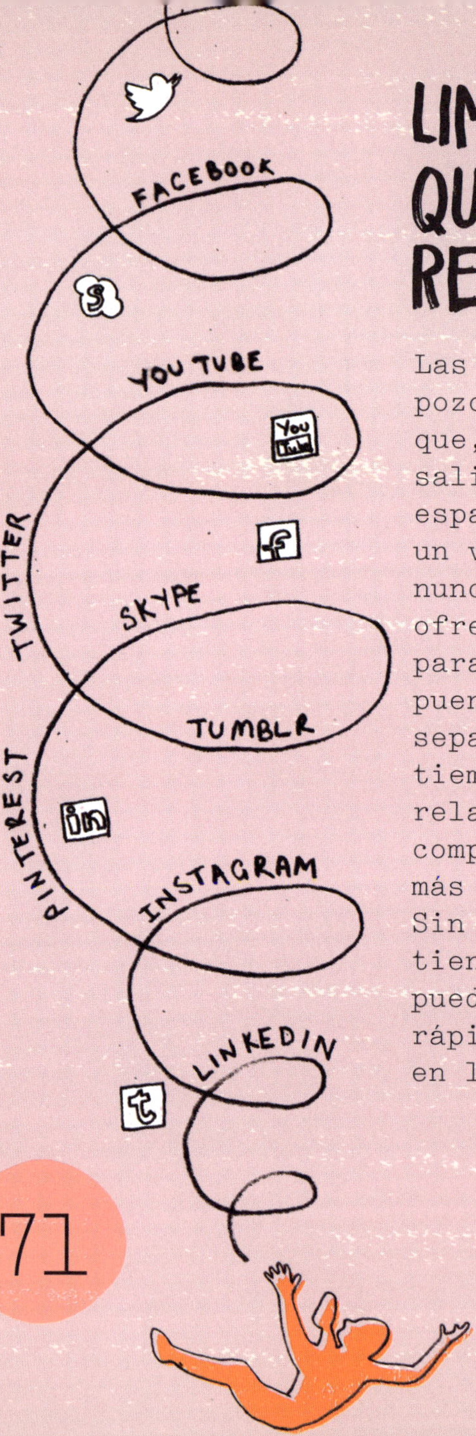

71

LIMITA EL TIEMPO QUE PASAS EN LAS REDES SOCIALES

Las redes sociales son como un pozo sin fondo: es muy posible que, si caes en ellas, no puedas salir jamás. O como un vórtice espacial: te pueden arrastrar a un vacío del que no regresarás nunca. La conectividad que ofrece internet es un tesoro para las relaciones y tiende puentes que unen a personas separadas por la distancia y el tiempo, a la vez que promueve relaciones con personas que comparten ideas e intereses más allá de las generaciones. Sin embargo, todas las monedas tienen dos caras y el tiempo puede evaporarse (y así sucede) rápidamente cuando uno se mete en la ratonera…

Ser famoso en las redes sociales es como ser rico en el Monopoly.

72

ENCUENTRA TIEMPO PARA JUGAR

Divertirte con distintas actividades que te gusten y entretener a tu niño interior con tareas creativas liberará tu alma y hará que la gestión del tiempo fluya con naturalidad. No tendrás que preocuparte más por encajarlo todo en tu apretado horario ni por encapsular la esencia de cualquier actividad sin verla como algo fluido y capaz de superar los límites de tus expectativas (y las de los demás) sobre cómo debería ser.

«El juego es la forma más elevada de investigación.»
— Albert Einstein

73

ACEPTA QUE HABRÁ RETRASOS

Es imposible evitar los tropiezos, los retrasos, las frustraciones y los obstáculos hasta alcanzar aquello que te estás esforzando por conseguir. La naturaleza tiene un horario al que se adhiere estrictamente. Habrá veces en las que viajaréis a la misma velocidad, mientras que en otras te dará la sensación de que te quedas rezagado. Sin embargo, en raras ocasiones también sentirás que vas por delante y le estás dando una buena paliza al tiempo. No te pongas demasiado gallito: no es más que una ilusión.

Dos pasitos hacia delante y un pasito hacia atrás.

74 EL PASADO ES HISTORIA Y EL FUTURO, UN MISTERIO

Tal y como han sugerido los místicos y los filósofos desde el principio de la escritura, del dibujo, de la escultura, de la grabación de sonido y de la edición de libros, solo podemos experimentar el «ahora». Si puedes asimilar que lo que te sucedió en el pasado ya no existe (excepto como recuerdo) y que tampoco puedes experimentar ahora nada de lo que imagines acerca del futuro (excepto mediante la imaginación), entrarás en comunión con la fuente de la que surge todo.

Es imposible estar en otro lugar que en el aquí y el ahora.

75

GESTIONA TU ENERGÍA

O, en otras palabras, «déjate llevar». Consumir o agotar la energía hasta el punto de no retorno es una manera segura de gestionar mal el tiempo. Si quieres ser efectivo, debes pensar en tu bienestar y actuar de un modo que te permita conservar y transmitir energía y fuerza. Cuando te quedas sin reservas emocionales, físicas y espirituales en la mochila, eres prácticamente inútil. Y cuando sucede eso, todas las estrategias de gestión del tiempo se van por el desagüe.

Vístete despacio, que tienes prisa.

PROGRAMA TIEMPO CREATIVO

76

Si dejamos a un lado los remedios farmacéuticos y psicoterapéuticos, la creatividad podría ser la respuesta a todos tus problemas. Reserva siete minutos diarios (si son más, todavía mejor) a jugar, experimentar y desordenar. Date la oportunidad de jugar y quedarás asombrado: en tu interior encontrarás mundos inexplorados. Lo único que necesitas es concederte el tiempo necesario para pasear entre la niebla y descubrir las inclinaciones originales, llamativas, innovadoras y visionarias que esperan poder salir de tu interior para plasmarse en una página, una pantalla o una materia prima.

Todos tenemos en nuestro interior a un niño que anhela salir a jugar.

77

COCINA AL POR MAYOR

Reúne a amigos, familiares y vecinos para dedicar un día a cocinar y hornear. Todavía mejor: reuníos en el comedor social más próximo o en el sótano de tu parroquia para cocinar toneladas de comida. Por otro lado, si prefieres estar solo, puedes limitarte a comprar todos los envases e ingredientes que necesites para cocinar y almacenar una semana de comidas, tentempiés y postres. En lugar de hornear una bandeja de galletas, que sean cinco. Y congélalas para cuando las necesites o llévalas al trabajo para endulzar el día a tus compañeros.

Llena el congelador de pasteles, lasañas, raviolis, sopa, masa de pizza, chili con carne, galletas o pan casero.

78

PERSONALIZA TUS NOTICIAS

¿Te asaltan el pesimismo y la desolación? ¿Te bombardean con datos y cifras que no significan nada para ti? Recibe solo la información que necesitas y ganarás años de vida. ¿Te encantan los deportes? Suscríbete y sintoniza exclusivamente tus canales, blogs o programas deportivos preferidos. Si te interesa saber cuál es el último escándalo o conspiración, configura alertas para palabras clave que satisfagan tu insaciable apetito por el chismorreo. Limítate a las fuentes de información más relevantes para ti y podrás ignorar el resto.

No tienes por qué soportar el chorreo solo para poder participar en conversaciones superficiales.

79

NO FACTURES EL EQUIPAJE

Puedes ahorrarte toda una tarde y pasarla junto a la piscina disfrutando de un cóctel si viajas ligero y solo llevas equipaje de mano (en contenedores autorizados, claro está) cuando subas a un avión, barco, autobús o tren. En caso contrario, quizá no vuelvas a ver jamás las bermudas, la camiseta de Hard Rock Café o el accesorio falsificado casi indistinguible del original que adquiriste en tus últimas vacaciones exóticas. Eso es lo peor que podría pasarte. Y, contando con que sea un buen día, aún tendrás que esperar unos minutos eternos junto a la cinta transportadora hasta que veas aparecer tus pertenencias.

No hace falta que demuestres que la paciencia es una virtud.

80

APRENDE A LEER A TODA VELOCIDAD

La lectura rápida es una estrategia avanzada de desarrollo personal y profesional exclusiva para las personas más motivadas y que son más conscientes de su tiempo.

Si ya has desarrollado tus habilidades de comprensión lectora, prueba a ver cuánta información puedes introducir en tu cerebro. Si te planteas en serio llenar a rebosar tu base de conocimiento, los recursos son numerosos y abundantes. ¿Y si te propones aspirar al récord mundial?

Si te encanta leer, pero no tienes tiempo, es posible que la lectura rápida sea la respuesta a tus plegarias literarias.

DIGITALIZA TUS RECUERDOS

81

¿Tienes el garaje, el trastero o la buhardilla lleno hasta los topes de álbumes de recortes y de fotos, manualidades, artesanía y colecciones de música o de vídeo? ¿Has tenido que alquilar un almacén para lidiar con lo que ya no te cabe en casa? Si has respondido que sí a cualquiera de las dos preguntas, ha llegado el momento de escanear, digitalizar y «almacenar» todos esos recuerdos en discos duros: así reducirás la cantidad de trastos que invaden tu espacio vital. Si la tecnología no es lo tuyo, soborna o contrata a un joven experto en el tema para que te ayude. Es posible que incluso pueda enviarlo todo al cielo (la nube) para mantenerlo a buen recaudo.

Los archivos digitales no se deterioran ni ocupan espacio.

82 USA EL GPS

¿Cómo te las apañabas antes sin él? Pues lo hacías. Pero ahora no tienes por qué hacerlo. El GPS está ahí para ayudarte y, como seguro que ya sabes, puede señalar tu ubicación en cualquier punto del planeta con un margen de error de solo unos cuantos metros. ¿Da algo de miedo? Sí. ¿Es esencial? Probablemente no. ¿Es útil? Claro que sí. Así que ya no volverás a perder tiempo perdiéndote. Conductor precavido vale por dos.

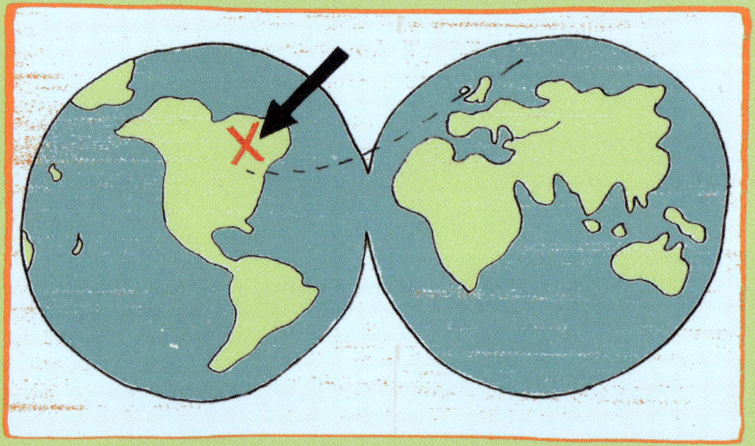

Si pasas mucho tiempo al volante, opta por un modelo de manos libres y controlado mediante la voz.

83

COMUNÍCATE

Cuando programes tu día, semana, mes o año, consulta con las personas implicadas y comunícate con ellas. No hay demasiadas personas capaces de leer mentes y tampoco puedes hacer tú solo muchas cosas que realmente valgan la pena, así que debes comunicar tus planes, deseos y sentimientos a las personas que te rodean si quieres poder hacer las cosas a tiempo. Pero esto es una obviedad. Cuando te resulte difícil comunicarte, es precisamente entonces cuando has de transmitir lo que esté en tu corazón, que es un reloj como no hay otro. ¿Estás de acuerdo con que las cuestiones delicadas exigen más atención y cuidado que compartir tu horario cotidiano?

Hablar con el corazón nunca es una pérdida de tiempo.

84

COMPRA POR INTERNET

La mayoría de las tiendas online tienen la sensatez de ofrecer envíos gratuitos y devoluciones y cambios sin problemas, porque saben que muchas personas prefieren examinar con las manos un producto antes de adquirirlo. Comprar por internet suele ser más rápido, más fácil y más barato que hacerlo en una tienda física y sus beneficios son evidentes. La competencia en internet es cada vez mayor, lo que obliga a innovar continuamente a los vendedores de todo tipo y condición que ofrecen todo lo que puedas desear, y esto significa más opciones y más ahorro para ti.

Mete la tarjeta de crédito en un vaso lleno de agua y congélala, porque tienes el mundo al alcance de un clic.

85

DEJA QUE TUS DEDOS CAMINEN POR TI

El editor de la guía telefónica más grande de Norteamérica se ganó la vida durante décadas con este sencillo lema. Poco importa que fuera el departamento de marketing de la empresa o una agencia de publicidad externa quien ideara este huevo de oro. Fuera quien fuese, logró encapsular la esencia de la gestión del tiempo en siete palabras que educaron a las masas acerca de los beneficios de buscar algo en la guía telefónica en lugar de perder el tiempo.

Usa los dedos de las manos, no los de los pies.

86

COMPRA AL POR MAYOR

Cuanto más al por mayor compres, menos tendrás que salir a reabastecerte. Y cuanto menos tengas que salir de compras, sufrirás menos atascos de tráfico y menos colas, y perderás menos tiempo buscando lo que quieres adquirir. Si la idea te atrae, has de saber que no estás solo: las tiendas al por mayor existen por un motivo y, a no ser que hayas decidido hacer acopio de víveres en previsión de un apocalipsis zombi (y entonces ya conoces los beneficios de comprar al por mayor), nadie te acusará de ser un acaparador.

Si quieres ahorrar aún más tiempo y dinero, organiza un grupo de compras al por mayor en tu vecindario, comunidad o familia extendida.

87

SE ATRAPAN MÁS MOSCAS CON MIEL

Cuando necesites ayuda, en lugar de suplicar o de ofrecer sobornos, apela al interés propio de la persona a la que necesites y se subirá al barco antes de que puedas decir «todos a bordo». Ahórrate el dolor de cabeza que supone buscar de un lado para otro pidiendo las cosas con educación y explicando a tu amigo por qué es la persona más indicada para ayudarte. Si lo haces así, serán menos las personas que abandonen el barco o caminen por la plancha empujados por tu espada.

Muchas manos equivalen a menos trabajo.

«¿Recuerdas lo bien que quedó el papel pintado que pusiste en casa de Tony el año pasado? ¿Te importa que te pida un par de consejos?»

«Cariño, necesito un par de cosas del supermercado. ¿Podrías ir a por ellas? Puedes gastar lo que sobre en algo para ti y para tu hermana.»

«¿Y si lo hacemos entre los dos? Empieza tú hoy y yo lo terminaré mañana.»

«Si accede a colaborar en la recaudación de fondos para la ONG, estaré encantado de escribir una reseña sobre su empresa.»

«¿Te apetece venir a cenar este fin de semana? Me encantó el postre que hiciste la última vez. Estaba delicioso.»

«Hola, Barbara. Me ha surgido un imprevisto, ¿puedo dejarte a Billy una hora esta tarde mientras hago un par de recados? La semana que viene podría devolverte el favor.»

LLENA EL DEPÓSITO

Es posible que, en alguna situación, quedarte sin gasolina pueda parecer una aventura, pero detenerte forzosamente en plena autopista (o en cualquier lugar no previsto) no tiene nada de divertido. Tampoco lo es tener que parar cada dos por tres para repostar 10 euros de gasolina o recorrer la ciudad en reserva. Cuando estés en la gasolinera, llena el depósito. O, mejor aún, que lo haga tu pareja.

88

Un vehículo de consumo más eficiente solo se amortiza en tiempo y dinero ahorrados.

89

PIDE LA CUENTA POR ADELANTADO

Ahorra como mínimo unos minutos cada vez que comas fuera de casa pidiendo la cuenta al camarero en cuanto hayas terminado el postre (a no ser que te hayas dejado el reloj en casa y no tengas la menor intención de volver a casa a por él). En un restaurante abarrotado de gente, y sobre todo si tienes prisa, acelerar este proceso que con frecuencia se demora puede ayudarte a salir por la puerta en menos que canta un gallo.

Reserva este consejo para las ocasiones en las que realmente necesites salir pitando.

90

APAGA EL MÓVIL

¿Cuándo fue la última vez que apagaste el móvil? Sí, estos teléfonos son una de las maravillas absolutas del progreso tecnológico, máquinas cuasi divinas que hacen que nuestras vidas sean enormemente productivas y eficientes, pero también pueden impedir que emplees mejor tu tiempo. Los *smartphones* son más que un medio de comunicación: ahora son capaces de gestas sobrehumanas que, bien utilizadas, conceden ventajas evidentes. Sin embargo, sé sincero: ¿qué proporción del tiempo que pasas ante la pantalla te dedicas a explotar esas ventajas?

Pulsa el botón de apagado y olvídate del móvil durante un día.

91

DESCONECTA

Las exigencias sobre tu tiempo parecen interminables y hacen que este se escurra por el desagüe y desaparezca para siempre. Cuanto más ocupado estés, más rápidamente avanzará el tiempo, porque estarás rodeado de distracciones, responsabilidades, decisiones y un tropel de exigencias a tus recursos. Pero no todo está perdido. Puedes ir frenando hasta detenerte y, sin embargo, sobrevivir. El secreto consiste en aislarte de todo el ajetreo. Hazlo y te parecerá que tienes el tiempo en tus manos.

Bájate del tiovivo y dobla el continuo espacio-temporal de vez en cuando.

92

APRENDE A MECANOGRAFIAR CON MAYOR RAPIDEZ

¿Cuántas palabras puedes escribir correctamente por minuto? Es posible que, como la mayoría de personas, no escribas cartas a mano una a una, así que ¿cuánto tiempo tardas en redactar un correo electrónico? No es que tengas que hacer una carrera de tecleo, pero ser capaz de comunicarte de forma eficaz con las teclas puede acelerar las comunicaciones lejanas cuando el teléfono no sea una opción. Si ya usas todos los dedos, pulgares incluidos, para escribir, felicidades. Ahora haz una prueba en línea para ver cómo podrías mejorar.

Si ahora escribes solo con dos dedos, imagina todo lo que podrías hacer con los diez.

93

LA TEMPERATURA PERFECTA

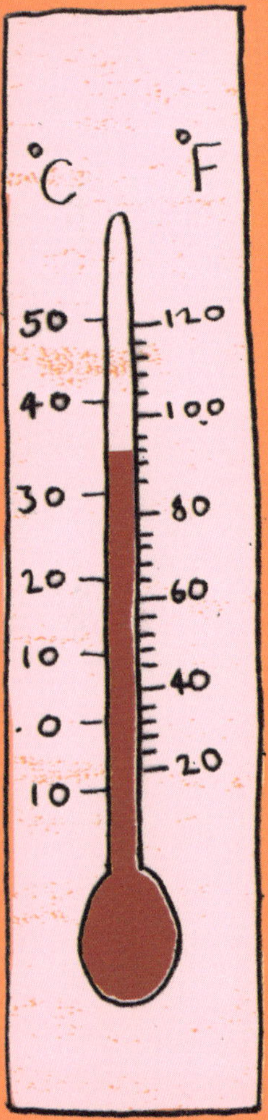

Es un ajuste menor, pero no deja de ser una mejora: sincronizar el termostato con tus hábitos, horarios y rutinas no solo te evitará tener que modificarlo a diario, sino que también te ahorrará tiempo: ya no tendrás que ir al armario a coger un jersey, ponértelo, quitártelo y volvértelo a poner, abrir y cerrar ventanas, subir y bajar persianas o cortar y apilar leña para la chimenea.

Programar el termostato te enseñará (u obligará) a programarte el día.

94

COME MEJOR

Si quieres disponer de más tiempo para experimentar la montaña rusa que es la vida, toma mejores decisiones. La comida es un combustible y una medicina, así que cuanto mejor sea la calidad de lo que introduces en tu cuerpo, más sano estarás. Y cuanto más sano estés, más vivirás. Las estanterías de un supermercado estándar están ocupadas por unos 40.000 productos cargados de sustancias químicas y conservantes que tienden a acortar nuestro tiempo sobre la tierra si decidimos consumirlos. Si deseas modificar tu alimentación pero no sabes por dónde empezar, acude a un nutricionista.

Empieza por consumir alimentos «integrales», naturales y sin procesar.

95

APRENDE A ESCUCHAR MEJOR

Todo el mundo quiere que lo escuchen. Y todo el mundo quiere sentir que sus opiniones, pensamientos y sentimientos son valiosos. Si aprendes a escuchar mejor, verás cómo te llueven las oportunidades. Las personas que consideras importantes estarán más dispuestas a confiar en ti y descubrirás que tus relaciones personales son más sólidas y satisfactorias. No tienes nada que perder, a excepción del tiempo que antes desaprovechabas al no escuchar bien la primera vez que te decían algo y tener que esperar a que te recordaran instrucciones, detalles importantes que habías pasado por alto o información delicada que te habían confiado.

Tienes dos orejas y una boca. Intenta escuchar el doble de lo que hablas.

96 AHORRA MÁS DINERO

El tiempo es oro, pero ahorrar más dinero también te ahorrará tiempo. Tener más dinero en el banco reforzará tu autoestima. Tener más dinero en la cartera te permitirá tomar decisiones más saludables en el supermercado. Y más dinero invertido te proporcionará paz mental al saber que más adelante podrás jubilarte y aprovechar los frutos de tu trabajo. Tal y como llevan décadas predicando los banqueros, los asesores financieros, los economistas y los contables, ahorrar al menos parte del dinero que tanto te cuesta ganar supone una planificación económica prudente que te ahorrará años de esclavitud en un trabajo que quizá no te guste.

El buen criterio económico empieza ahorrando un 10 por ciento de todo lo que ganes.

97 APAGA LA TELEVISIÓN

Encender el televisor se ha convertido en una costumbre. Todos miramos la tele para relajarnos y desconectar al final de la jornada. Pero ¿de verdad te hace más feliz? Mirar la televisión te puede hacer sentir triste y desmotivado. El sedentarismo no es bueno ni para el cuerpo ni para la mente. No hace demasiado tiempo, no disponíamos de una oferta interminable de cadenas y de programas. Con frecuencia, añadir más opciones solo consigue aumentar el estrés, porque la cantidad de programas que no podemos ver no hace más que incrementarse. Y es un verdadero ladrón del tiempo: pasamos muchas horas frente al televisor. Si alguna vez has deseado que el día tuviera más horas, ahí tienes la respuesta. Toma la decisión consciente de ver exclusivamente unos pocos programas que te interesen de verdad y apaga el televisor cuando terminen.

Desconecta para conectar.

98

AMORTIZA LA HIPOTECA POR ANTICIPADO

Acorta tu compromiso de tiempo y dinero con el banco amortizando por anticipado la hipoteca en lugar de limitarte a los plazos mensuales. En función de cuánto pidieras prestado y del tipo de interés aplicado, podrías ahorrar miles de euros (que, además de suponer más dinero en tu cuenta corriente, podrían convertirse también en más tiempo libre que, de otro modo, tendrías que invertir en trabajar para pagar el techo sobre tu cabeza).

Pide una cita con tu asesor bancario lo antes posible.

99 EVITA LOS DESPLAZAMIENTOS EN HORAS PUNTA

Aunque parece una obviedad, la mayoría de nosotros acabamos esperando en una cola, maldiciendo a las personas y al servicio en el mostrador/taquilla/puerta que tenemos delante. Sí, con frecuencia nos vemos obligados a viajar en horas punta o en temporada alta, porque nuestros horarios coinciden con los de todo el mundo. Sin embargo, hay que pagar un precio por la libertad. Si todo el mundo empieza las vacaciones en viernes, pide también el jueves. O acampa en tu jardín. O pide a tus familiares que, para variar, sean ellos quienes vengan de visita. En las horas punta, todas las personas que puedas encontrarte en la carretera, en el aeropuerto o en el transporte público suelen estar nerviosas, así que la frase «en el camino está la mitad de la diversión» pierde su sentido cuando tienes que enfrentarte a un atasco.

<u>Nada es más descorazonador que hacer cola mientras ves cómo pasa el tiempo.</u>

Empieza las vacaciones en viernes. O, si todo el mundo las empieza ese día, pide también el jueves. O acampa en tu jardín. O pide a tus familiares que, para variar, sean ellos quienes vengan de visita.

En las horas punta, todas las personas que puedas encontrarte suelen estar nerviosas, así que la frase «en el camino está la mitad de la diversión» pierde su sentido cuando tienes que enfrentarte a un atasco.

Evita las horas punta (en la medida de lo posible) y podrás dedicar más tiempo a hacer lo que te gusta con las personas que quieres. En lugar de estar haciendo cola.

100 SONRÍE

Sonreír te ahorra tiempo, porque reduce toda la negatividad a la que debes enfrentarte si te pasas el día frunciendo el ceño a los demás. Sonreír también disuelve la frustración y te animará, por lo que reducirás la compulsión de ser controlador, tanto contigo mismo como con los demás. Las endorfinas que liberas disuelven el estrés y la ansiedad y te dan más tiempo para disfrutar de una bien merecida paz mental. ¡Uf!

Sonreír te ayudará a gestionar mejor el tiempo.